AF554491

DU DROIT

DES

PROPRIÉTAIRES DE FIEF

D'AJOUTER

LE NOM DE LEUR FIEF A LEUR NOM PATRONYMIQUE

PAR

M. C. BEAUTEMPS-BEAUPRÉ

DOCTEUR EN DROIT, PROCUREUR IMPÉRIAL A MANTES

PARIS

AUGUSTE DURAND, LIBRAIRE-ÉDITEUR

RUE DES GRÈS-SORBONNE, 7

1865

DU
DROIT DES PROPRIÉTAIRES DE FIEF
D'AJOUTER
LE NOM DE LEUR FIEF A LEUR NOM PATRONYMIQUE.

La loi du 28 mai 1858, en remettant en vigueur l'article 259 du Code pénal de 1810 et en prononçant les pénalités, non-seulement contre ceux qui auraient pris indûment des titres de noblesse, mais encore contre ceux qui, dans le but *de s'attribuer une distinction honorifique, auraient changé, altéré ou modifié le nom que leur assignent les actes de l'état civil*, a donné un nouvel et vif intérêt à un assez grand nombre de questions qui, avant sa promulgation, passaient à peu près inaperçues, ce sont celles relatives à la rectification des actes de l'état civil. De nombreux arrêts sont intervenus sur cette matière depuis la promulgation de la loi de 1858, et ont soulevé plusieurs questions que les principes reconnus par l'ancienne jurisprudence pourront seuls aider à résoudre.

La question qui a peut-être fait le plus de bruit ne sera cependant pas traitée par moi : c'est celle de savoir si le ministère public peut agir d'office pour faire rectifier des actes de l'état civil dans lesquels on a pris un titre de noblesse, ou altéré son nom de manière à s'attribuer une distinction honorifique, ou du moins s'il peut interjeter appel d'un jugement dans lequel il n'a été que partie jointe. Cette question se rattache à celles que soulèvent les limites des pouvoirs du ministère public en matière civile : je dirai toutefois, sans entrer dans l'examen spécial des difficultés auxquelles donne lieu l'article 46 de la loi d'avril 1810 sur l'organisation judiciaire, qu'il me paraît résulter implicitement des termes de la loi du 28 mai 1858, et des motifs qui l'ont fait présenter et adopter, que c'est un cas intéressant l'ordre public qui permet l'action d'office dans le cas spécial que la loi prévoit; mais que c'est dans la loi de 1858 seulement que le ministère public puise son droit d'action ou d'appel, tellement que, si cette loi venait à être abrogée, cette action ne pourrait avoir lieu.

Il ne peut y avoir de difficulté en ce qui concerne les titres de noblesse : tout le monde sait ce que c'est qu'un titre de noblesse, la loi des 19-23 juin 1790, en les abolissant, en fait une énumération complète pour la noblesse française [1]. Mais que faut-il entendre par distinction honorifique ?

Si, dans une foule de circonstances, celui qui fait précéder son nom de la particule *de*, ou y joint un nom de terre avec cette particule, le fait dans le but de faire croire à la noblesse de sa famille, ou de se rattacher à l'une des nombreuses familles de l'ancienne noblesse éteintes depuis longtemps, si, depuis d'Hozier [2], il s'est toujours trouvé des généalogistes pour consacrer les prétentions les plus extraordinaires, d'un autre côté il existe une foule de personnes sans aucune prétention à la noblesse qui n'en tiennent pas moins au *de* qui précède leur nom, et qui, aux critiques qu'on pourrait leur adresser, répondraient sans hésitation avec notre chansonnier P.-J. *de* Béranger :

> Moi noble ! oh ! vraiment, messieurs, non.

Il faut donc reconnaître que si la loi de 1858 avait voulu que toujours et dans tous les cas l'addition de la particule *de* ou *du* fût considérée comme constituant l'usurpation d'une distinction honorifique, elle aurait introduit en cette matière une grave dérogation aux anciens principes. Nous devons donc rechercher quels sont ces anciens principes, pour en tirer quelques règles d'interprétation sur les applications de la loi nouvelle.

La fixité des noms de famille est un principe nouveau dans notre législation. Jusqu'à la moitié du seizième siècle, toute personne pouvait changer de nom, pourvu que ce fût sans fraude. D'après quelques jurisconsultes, une ordonnance du 26 mars 1555, article 9, aurait défendu de changer de nom et d'armes sans en avoir obtenu la permission du roi. Bien que l'existence même de cette ordonnance ait été révoquée en doute, et que, dans tous les cas, elle n'ait pas été enregistrée au Parle-

[1] Voir Merlin, *Répertoire*, v° NOBLESSE, § 8.

[2] Boileau, Sat. V, *Mémoires de l'abbé Legendre*, p. 66.

ment de Paris[1], il est certain qu'à partir de cette époque on voit de nombreux exemples de changements de nom et d'armes autorisés par des lettres patentes qui devaient être vérifiées en Parlement[2].

Ces principes, méconnus un instant par un décret de la Convention du 24 brumaire an II, furent remis en vigueur par la loi du 6 fructidor de la même année, qui défend de porter des noms et prénoms autres que ceux exprimés dans l'acte de naissance (art. 1), et défend également d'ajouter aucun surnom à son nom propre, à moins qu'il n'ait servi jusqu'à ladite date du 6 fructidor an II à désigner les membres d'une même famille, sans rappeler les qualifications féodales ou nobiliaires (art. 2). Enfin, la loi du 11 germinal an XI, complétant celle du 6 fructidor an II, permit de changer de nom, mais seulement avec l'autorisation du gouvernement, et pour des causes justes et légitimes qu'il appartient à lui seul d'apprécier (art. 4 à 9).

Telle est à cet égard la législation actuellement en vigueur ; on ne peut changer de nom soit d'une manière complète, soit par l'incorporation d'un surnom, sans autorisation du gouvernement ; mais avant la loi du 6 fructidor an II on a pu prendre de pareils surnoms et les ajouter à son nom, car cette loi défend d'en ajouter, *à moins qu'il n'ait servi jusqu'ici*... la prohibition n'existe donc que pour l'avenir.

Mais la question a fait plus de difficulté quand ce nom additionnel est un nom de terre, précédé de la particule *de* ou *du*. Nous devons donc rechercher si la jurisprudence, qui admet d'une manière uniforme que tout propriétaire de fief avant 1789 pouvait joindre à son nom le nom de son fief en le faisant précéder de la particule *de*, est conforme aux anciens principes.

Depuis le treizième siècle au moins, en France, les roturiers

[1] Merlin, *Répertoire*, v° PROMESSE DE CHANGER DE NOM. Elle ne se trouve pas dans le Recueil d'Isambert ; mais elle aurait été enregistrée en la Cour des aides et finances de Normandie. Delaroque, *Traité de la noblesse*, chap. CLXIV, p. 545.

[2] Bouchel, *la Bibliothèque ou Thrésor du droict françois*, v° NOM ; Brillon, *Dictionnaire des arrêts*, v° NOM ; Coquille, Sur l'article 300 de l'ordonnance de Blois, dit que « changer son nom de soy n'est crime... mais quand le nom se change en fraude pour tromper quelqu'un... c'est crime de fausseté... » Delaroque, *Traité de l'origine des noms*, chap. XXX ; Merlin, *Répertoire*, v° NOM, § 3 ; *Mémoires du duc de Luynes*, t. II, p. 421.

ont pu posséder des fiefs. Le livre Ier des *Établissements de saint Louis,* le plus ancien essai de coutume générale de l'Ile-de-France, Orléanais, Touraine, Anjou et Maine [1], parle de l'acquisition de fiefs par les roturiers comme d'une chose qui se pratique habituellement et depuis longtemps : rien dans le texte n'indique que ce soit une innovation. Si, plus tard, nous trouvons en Bretagne une ordonnance du duc Pierre, de 1451, qui interdit absolument aux roturiers de posséder des fiefs, les difficultés sérieuses qu'éprouva l'exécution loyale de cette ordonnance, qui devint une arme entre les mains des partis qui divisèrent ce pays jusque vers la fin du seizième siècle [2], montrent assez que, même en présence d'une interdiction formelle, l'opinion publique penchait, dans ce pays aussi, vers une solution qui, dès le quinzième siècle, était le droit commun de la France, que tous roturiers pouvaient posséder fiefs, à la charge de payer au roi une redevance connue sous le nom de droit de franc-fief [3].

On conçoit qu'avec un système qui mettait les fiefs dans le commerce sans aucune restriction, la possession d'un fief ne devait pas conférer la noblesse ; on disait bien : *Un ancien fief sent la noblesse,* c'est-à-dire, quand un fief était depuis longtemps dans une famille, cela venait à l'aide des autres présomptions par lesquelles cette famille pouvait prouver la noblesse; mais faire de la noblesse la conséquence de la possession d'un fief, c'eût été la mettre à la disposition de tout roturier riche, qui n'aurait pas manqué, pour l'acquérir, de payer un fief beaucoup plus que sa valeur réelle. On pouvait soutenir que, dans les pays où la propriété d'un fief ne pouvait être transmise que par une investiture du souverain, cette investiture accordée à un roturier lui conférerait la noblesse ; et en effet on voit que ceux de nos auteurs du seizième siècle qui ont discuté la question se sont préoccupés des opinions des feudistes italiens : mais

[1] Coutume d'Anjou et du Maine, Bibliothèque de l'Arsenal, ms. 127, *Jurisprudence française,* chap. CLIII.

[2] D'Argentré, Sur l'article 343 de la Coutume de Bretagne. *Advis sur les partages des nobles,* quest. 42.

[3] Liger, liv. III, tit. XV, *De partaiges* ; liv. X, tit. Ier, *De fiefs,* § 2 ; Bouteiller, *Somme rurale,* liv. II, tit. Ier ; Pocquet de Livonière, *Traité des fiefs,* liv. Ier, chap. IV, etc.

ils sont unanimes pour dire qu'en France la possession d'un fief n'anoblit pas le possesseur[1]. Toutefois, pour mettre fin aux prétentions des possesseurs de fiefs, l'article 258 de l'ordonnance de Blois, de 1580, décida d'une manière générale que « les roturiers et non nobles, achetant fiefs nobles, ne seront pour ce annoblis ne mis au rang et degré de nobles, de quelque revenu et valeur que soient les fiefs par eux acquis. » Aussi les auteurs français qui ont traité cette question depuis l'ordonnance de Blois admettent que l'investiture d'un fief de dignité, comté, marquisat, etc., anoblit le roturier qui en est gratifié par le roi, si cette investiture est faite par le roi en personne, parce qu'alors c'est le roi qui lui confère implicitement la noblesse, et non la possession du fief. Mais la simple acquisition d'un fief de cette nature ne donne nullement le droit de porter le titre de comte, marquis, etc. [2].

Mais si la possession d'un fief ne conférait pas la noblesse, n'était-il pas au moins permis au possesseur de fief, noble ou roturier, d'ajouter à son nom celui du fief dont il était propriétaire ?

A l'égard des nobles, la question ne peut pas faire le moindre doute; bien qu'on doive tenir pour certain avec nos anciens auteurs que la terre n'anoblit pas l'homme, il est également certain que des relations s'établissent entre l'homme et la terre ; et que quand on a vu depuis longtemps une personne en possession d'une seigneurie plus ou moins étendue y exercer les droits de souveraineté qui naissaient de la propriété féodale, on a été naturellement porté à identifier la famille et la terre, et à donner à la famille le nom de cette dernière. C'est ainsi que les choses ont dû se passer lorsque, vers le douzième ou le treizième siècle, les noms de famille sont devenus fixes; celles qui étaient depuis longtemps en possession de fiefs en ont pris le nom ; de là aussi jusqu'à la fin du dix-huitième siècle cette variété de

1 Chasseneuz, Coutume de Bourgogne, tit. IV, § 10, v° ENTRE GENS NON NOBLES, n° 27 ; Tiraquellus, *Tract. de nobilitate*, cap. VII, n° 14 ; d'Argentré, Sur l'article 343 de la Coutume de Bretagne ; Dumoulin, Coutume de Paris, § 15, gl. 3, v° TENUS NOBLEMENT.

2 Loyseau, *Traité des seigneuries*, chap. VIII, n°s 22 et suiv. ; Delaroque, *Traité de la noblesse et de son origine*, chap. III, *in fine* ; Pothier, *Traité des personnes*, p. 563, édition in-4° ; Merlin, *Répertoire*, v°s COMTE et MARQUIS.

noms et de titres que l'on voit si souvent dans les familles nobles.

La plus ancienne preuve que j'aie trouvée de ce droit est dans les paragraphes 239, 240 et 241 de l'ancienne coutume de Vermandois que j'ai publiée en 1858. D'après cette coutume, dont la date est de 1457, la femme, durant son veuvage... « se son mary estoit seigneur d'aulcunes grandes seignouries, elle s'en peult nommer et faire appeller dame ou demoiselle comme elle faisoit ou eust peu faire au vivant de sondict mary (239). Et se le filz ou aultre héritier de tel deffunct et de telles seignouries estoit marié, et que luy et sa femme se nommassent et fussent possesseurs et seigneurs de telles seignouries, et se nommast la femme de tel heritier damoyselle de tel lieu, comme faire porroit, sy ne laisseroit point ladicte vesve à soy nommer dame ou damoyselle de telle seignourie, comme on voit chacun jour en plusieurs lieux, et nommer la vesve la dame de tel lieu doaigière ou vesve, et l'aultre doibt on nommer dame de tel lieu héritière (240). » Enfin, pour éviter toute espèce de doute dans les contrats que peuvent faire plusieurs femmes portant le même nom de seigneurie... « on a accoustumé ou dict cas mectre le propre surnom desdictes femmes qu'elles ont de par leur père et du mary ; en aultre cas tiennent le surnom de leur mary tant qu'elles sont vesves, c'est à scavoir de tel surnom ou seignourie ou aultre dont se faisoit nommer, et que on avoit accoustumé nommer sondict feu mary (241). »

Il me semble résulter jusqu'à la dernière évidence, de ces trois paragraphes, la preuve du droit pour les propriétaires de seigneuries de se faire appeler du nom de leurs seigneuries.

Au siècle suivant, Coquille reconnaît que « les gentilshommes tiennent à honneur d'être reconnus et nommés des noms de leurs seigneuries qui est leur tiers nom, dont ils font plus d'état pour l'honneur que du second nom qui est le nom de la famille et naissance[1]. » Peu après lui Loyseau constate le même usage, et s'il le combat, ce n'est qu'au nom du ridicule qui peut en rejaillir sur ceux qui s'y conforment, ou pour faire ressortir les inconvénients qui en résultent pour eux ; mais il ne dit pas un

[1] Coquille, Sur l'article 1er, chapitre XXXV, de la Coutume de Nivernais; *Histoire de Nivernais*, t. I, p. 367 de ses œuvres, édition de 1703.

mot qui puisse faire croire qu'il considère cet usage comme contraire à une disposition légale quelle qu'elle soit [1]. Le silence que ces deux illustres jurisconsultes gardent sur une ordonnance dont ils sont contemporains ou presque contemporains confirme les doutes de Merlin sur l'existence même de cette ordonnance, ou au moins sur son enregistrement au Parlement de Paris, dans le ressort duquel ont écrit Coquille et Loyseau.

Mais ce ne sont pas seulement les gentilshommes qui ont ajouté à leur nom propre leurs noms de seigneurie : les roturiers l'ont fait aussi. Et en effet, quand ils pouvaient acheter des fiefs, que, propriétaires de fiefs, ils en pouvaient exercer tous les droits, non-seulement utiles, mais encore féodaux et honorifiques, qu'ils pouvaient exiger l'hommage des plus grands seigneurs qui avaient des fiefs relevant des leurs [2], qu'ils pouvaient dans l'étendue de leurs fiefs exercer tous les droits dépendants de la justice ou de la seigneurie utile, on comprend qu'on ne leur ait pas contesté celui d'ajouter à leur nom le nom de leur seigneurie. Loyseau (*loco citato*, n° 57) est fort explicite à ce sujet : « Et le roturier qui l'a achetée (la terre) en prend aussi le nom et le titre et l'approprie pareillement à sa famille, et ainsi à succession de temps la postérité roturière de cet acheteur se dira être de la race noble du vendeur. »

On peut dire au surplus que cette hypothèse n'était pas spécialement prévue par l'ordonnance de 1555, en admettant même l'existence de cette ordonnance dans le ressort du Parlement de Paris ; elle n'interdisait que le changement de nom, et l'on peut parfaitement soutenir qu'elle ne s'appliquait pas au cas où l'on modifiait le nom de famille par l'addition d'un nom de seigneurie.

Quoi qu'il en soit, le législateur dut encore s'occuper de la question, et l'ordonnance de 1629, rendue sur les réclamations des Etats généraux de 1614, enjoint par son article 211 à tous les gentilshommes de signer du nom de leurs familles, et non de celui de leurs seigneuries, à peine de nullité desdits actes et contrats.

[1] *Traité des ordres*, chap. XI, n°s 51 et suiv. Voir Montaigne, *Essais*, liv. Ier, chap. XLVI.

[2] Tallemant des Réaux, t. VII, p. 482, *Historiette du marquis de Resnel*, édition Monmerqué et Paulin Pâris.

Ce n'était pas encore là l'interdiction absolue d'ajouter le nom de seigneurie au nom de famille, et de signer de ce nom ainsi augmenté; c'était uniquement l'interdiction de substituer le nom de seigneurie au nom de famille. Mais, même dans ces termes, il il ne paraît pas que l'ordonnance de 1629 ait été bien rigoureusement exécutée. Cette ordonnance ne se citait même pas au Parlement de Paris [1]; et si deux arrêts du Parlement de Dijon avaient annulé des testaments faits par des personnes qui n'avaient signé que de leur nom de seigneurie, on trouve d'autres arrêts du même Parlement qui avaient validé des testaments faits dans les mêmes conditions; aussi voyons-nous Bannelier et avec lui Merlin admettre que cette règle reçoit une exception qui dérive de la nature même des choses, lorsque l'acte, le testament, par exemple, se trouve signé en la même forme et sous la même désignation que le contrat de mariage et tous les actes les plus importants qu'aurait passés le testateur pendant sa vie, *sic agebat, sic contrahebat*. Aussi ne faut-il point s'étonner de voir Denisart nous dire expressément que l'article 211 de l'ordonnance de 1629 n'a jamais été observé, et que de son temps l'usage est que le seigneur d'une terre fasse appeler son fils aîné du nom de sa seigneurie; Merlin en dit autant, tout en reconnaissant que cette disposition est fort sage; « mais l'usage, dit-il, l'a emporté sur la loi. » — « Le nom de seigneurie, dit-il plus haut, est celui qui est pris d'une terre ou d'un fief; *on l'ajoute à celui de famille* [2]. » Il en était de même en Normandie, où l'ordonnance de 1555 paraît avoir été enregistrée. Bérault et Pesnelle citent comme faisant jurisprudence un arrêt du Parlement de Rouen du 6 mai 1547, antérieur à cette ordonnance qui défend de s'attribuer le nom d'un fief quand on n'en est pas propriétaire; Basnage adopte ce principe [3]. Donc, si l'on était propriétaire, il n'était pas interdit de faire cette addition.

En dehors des jurisconsultes, cet usage est encore confirmé par le duc de Luynes, qui dans ses Mémoires parle d'un M. de

[1] Denisart, édition de 1771, v° PARLEMENT, n° 61.

[2] Denisart, édition de 1771, v° NOM, nos 17 et 18; Merlin, *Répertoire*, v° NOM, § 1, nos 2 et 3, v° SIGNATURE, § 1, n° 9, et § 3, art. 4; Charondas, *Responses*, XI, 73.

[3] Bérault, Sur l'article 137 de la Coutume de Normandie; Pesnelle, Sur le même article; Basnage, Sur l'article 100.

Sauroy, fils du trésorier de l'extraordinaire des guerres, qui « s'appelle aujourd'hui M. du Terrail, ayant acheté la terre de ce nom ; » et d'un M. de Giseux, écuyer de quartier du roi, fils d'un M. Grandhomme, qui avait fait une fortune considérable en Amérique ; ce M. de Giseux avait pris son nom de la terre de Giseux, qu'il avait achetée. La famille de d'Ormesson, dont le nom est Lefebvre, avait pris ce nom de d'Ormesson d'une terre d'Ormesson qui fut achetée, en 1554, par Olivier Lefebvre, aïeul de celui dont les Mémoires viennent d'être publiés dans les *Documents inédits*, et qui se fit aussitôt appeler d'Ormesson, le nom de Lefebvre étant trop commun, comme il le disait lui-même. La famille continua depuis à porter ce nom [1]. Il serait facile de multiplier les exemples.

Si maintenant nous nous reportons à la jurisprudence sur les droits honorifiques des seigneurs féodaux, nous y trouvons la confirmation de ces décisions. La matière des droits honorifiques et de patronage a donné lieu à de nombreux et savants traités spéciaux, et a été, en outre, traitée d'une manière plus ou moins approfondie par tous les feudistes. Or, il résulte de la jurisprudence dont ils ont recueilli de nombreux monuments que les roturiers pouvaient exercer tous les droits honorifiques appartenant au seigneur d'un fief ou d'un village, à l'exception de la préséance sur les nobles [2]. Ainsi le patronage d'église et le droit de présentation leur appartenaient quand ils étaient seigneurs d'un fief d'où ce droit dépendait : c'étaient en effet des

[1] *Mémoires du duc de Luynes*, t. II, p. 168, et t. VIII, p. 131; *Mémoires de d'Ormesson*, Introduction, p. VII. — Voir encore Corneille, *le Menteur*, acte IV, scène IV :

DORANTE.

Oui, c'est là son nom propre, et l'autre d'une terre;
Il portait ce dernier quand il fut à la guerre,
Et se sert si souvent de l'un et l'autre nom,
Que tantôt c'est Pyrandre, et tantôt Armédon.

GÉRONTE.

C'est un abus commun qu'autorise l'usage,
Et j'en usois ainsi du temps de mon jeune âge.

Le témoignage de Corneille est ici d'autant plus important qu'il était magistrat (avocat général à la Table de marbre de Rouen), et que la première représentation du *Menteur* est de 1642, treize ans seulement après la publication de l'ordonnance de 1629.

[2] Basnage, Sur l'article 142 de la Coutume de Normandie, *in fine*.

droits réels attachés au fief et non pas à la personne. Basnage cite un arrêt du Parlement de Rouen du 27 août 1743, par lequel le sieur Harel, avocat au Parlement, qui avait acheté de M. de Tournebut, seigneur et patron de la paroisse de Saint-Laurent de Fontaine-Halbout, le domaine non fieffé de son fief et le droit de présentation à la cure, le fief demeurant aux mains de M. de Tournebut, fut maintenu dans le droit de nommer à la cure de Fontaine-Halbout, et le curé qu'il avait nommé maintenu dans ses fonctions [1].

Puis, si nous recherchons quelles personnes pouvaient prendre le titre de *seigneurs de village* ou de *seigneurs de fief* et exercer les différents droits attachés à ce titre, nous voyons que la discussion porte surtout sur le point de savoir quelle justice il faut avoir pour être seigneur de village, et non sur le point de savoir s'il faut ou non être noble. Ainsi, un arrêt du Parlement de Paris du 26 février 1550 décide que Guillaume de Meaux ne pourra prendre la qualité de seigneur de Marly, au préjudice de *M. Budé*, seigneur haut justicier de Marly, mais qu'il pourra s'intituler seigneur de tel ou tel fief sis à Marly. Par un autre arrêt du 17 janvier 1604, il fut fait défense au sieur Roussel, maître apothicaire à Paris, de prendre la qualité de seigneur de Bagneux, parce qu'il n'en avait pas la haute justice. Par un autre arrêt du 5 août 1634, maître Louis Chauvelin fut reconnu avoir la justice haute, moyenne et basse des terres de Crisenoy et de Champdent, et en conséquence défenses furent faites à un sieur Louis Fusée, son adversaire, de prendre la qualité de seigneur de Champdent, etc. [2].

Cette obligation, d'avoir la justice pour pouvoir se qualifier seigneur d'une terre, résulte aussi d'autres arrêts des Parlements de Provence et de Dauphiné. Boniface cite un arrêt du Parlement de Provence du 27 janvier 1639, par lequel il fut fait défense au propriétaire de la terre d'Aiguebelle, relevant en arrière-fief de Lambesq, de s'appeler seigneur d'Aiguebelle et d'appeler château sa maison, mais seulement de s'appeler *sieur d'Ague-*

[1] Basnage, Sur l'article 69 de la Coutume de Normandie, note de la page 125, édition de 1778.

[2] Chopin, Coutume d'Anjou, liv. II, part. II, chap. I, tit. IV, n° 6 ; Loyseau, *Des seigneuries*, chap. XI ; Brodeau, Sur Louët, lettr. F, somm. 31.

belle; parce que, dit l'arrêtiste, tels noms ne sont donnés qu'à celui qui a fief et juridiction [1].

Quant à la qualification de *seigneur de village*, les principes sont à peu près les mêmes. Un arrêt du Parlement de Paris du 25 juin 1738 décide que si le fief, dans l'étendue duquel l'église est bâtie, a un nom particulier, le seigneur ne peut prendre d'autre nom que celui de son fief, quand même il aurait haute justice, et non celui du village dont l'église est la paroisse [2]. Mais la décision de cet arrêt ne paraît pas avoir été adoptée, et l'on paraît avoir décidé généralement que :

« Celui-là seul qui a la haute justice sur l'église peut à la rigueur prendre cette qualité indéfiniment, et il a le droit de l'interdire à tout autre seigneur ou justicier même d'une terre plus noble, plus qualifiée et plus étendue, et même encore quoique cette terre porte le nom du village.

« Le copropriétaire de la haute justice de l'église peut seul aussi se dire *seigneur en partie* du village ou de la paroisse ; et chacun des copropriétaires peut également se dire seigneur en partie. Mais celui qui représente l'aîné ou qui a la partie la plus considérable de la justice, lorsqu'on ignore lequel est aux droits de l'aîné, peut se dire seigneur simplement et sans restriction.

« Les autres seigneurs qui ont des fiefs ou des justices dans la paroisse peuvent seulement se dire seigneurs de tels fiefs situés dans telle paroisse, pour faire disparaître l'équivoque lorsque le nom de leur seigneurie est celui du village même [3]. »

La conséquence que nous devons tirer de tout ceci, c'est que si les non-nobles pouvaient se qualifier seigneurs de fiefs ou de village, soit indéfiniment, soit avec certaines restrictions, et en exercer toutes les prérogatives, ils pouvaient, à plus forte raison, joindre à leur nom le nom de leur terre, alors surtout que cette

[1] *Arrêts de Boniface*, liv. III, tit. II, chap. VIII; *Arrêts de Basset*, tit. II, liv. III, chap. Ier; Brillon, *Dictionnaire des arrêts*, vo SEIGNEURS, SEIGNEURIES, t. VI, p. 89; Henrion de Pansey, *Dissertations féodales*, Des droits honorifiques, § 28.

[2] Denisart, édition de 1771, vo DROITS HONORIFIQUES, no 20.

[3] Hervé, *Théorie des matières féodales*, t. IV, p. 467; Guyot, *Traité des droits honorifiques*, p. 50 et suiv.; Bérault, Sur l'article 137 de la Coutume de Normandie; Basnage, Sur l'article 100 de la même; Charondas, *Responses*, XI, 73.

terre était un fief, à plus forte raison quand ce fief avait juridiction, mais sous la condition que cette incorporation au nom de famille avait été consacrée par l'usage.

L'addition du nom d'une terre ou d'un fief au nom de famille appelle la particule *de*, parce que l'on sous-entend la propriété, la seigneurie, l'origine, toutes choses qui, en latin, s'expriment par le génitif, et en français par la particule *de*. Mais le *de* est-il constitutif ou même indicatif de la noblesse ? Il suffit d'ouvrir les auteurs qui ont traité de la noblesse pour se convaincre de la négative.

Delaroque [1] nous cite un grand nombre de maisons des plus nobles qui ne portent pas de surnoms de terres, et cite ailleurs un grand nombre de personnes ayant un *de* devant leur nom, qui furent anoblies par des actes dont il rapporte les dates [2]. Merlin rapporte aussi plusieurs exemples de personnes ayant un *de* dans leur nom, qui furent anoblies par la chevalerie qui leur fut conférée [3]. Notre jurisconsulte Coquille était noble par suite de l'anoblissement conféré à Hugues Coquille, père de son trisaïeul, en 1391 [4], et il ne paraît pas avoir jamais incorporé à son nom celui de *sieur de Romenay*. Le duc de Luynes (t. II, p. 174) parle d'un *M. Loiseau*, gentilhomme ordinaire, que le roi envoie faire compliment à la belle-fille du duc. Il suffit de parcourir d'anciens contrats et les anciens jurisconsultes pour y voir une foule de personnes qui n'ont pas d'autre qualification que : noble homme, M. un tel. Et quant à la preuve que la qualité de seigneur ne prouvait pas la noblesse et qu'elle pouvait être prise par les roturiers, nous la trouvons dans la formule que Bacquet nous donne des lettres d'anoblissement « ... estans

[1] *Traité de la noblesse et de ses différentes espèces*, p. 13 ; *Traité de l'origine des noms*, p. 49.

[2] Pierre, Jean et Droux de la Forest, *op. cit.*, p. 62 et 63 ; Jean de Machaut, Jean de Cambio, p. 86 ; Gérard de Bucy, p. 87 ; Philippe de Bourbon, p. 124 ; Simon de Baigneux, Pierre de Vieuxbourg, Bernard d'Aradour, p. 125, etc. Le maréchal Boucicaut, dont le nom était Jean Lemeingre, est ainsi qualifié dans les lettres du 23 mars 1400, qui le nomment gouverneur de Gênes :... *Personam dilecti et fidelis nostri Johannis Lemeingre, dicti Bouciquaut, marescalli Francie, viri utique generosa stirpe progeniti.*

[3] *Répertoire*, v° CHEVALIER, n°s 5 et 6 ; Denisart, édition de 1771, v° NOBLESSE, n° 94.

[4] Coutume de Nivernais, p. 372.

deuement advertis et certifiez des rares vertus et louables qualités qui sont en la personne de nostre cher et bien-aimé un tel, etc., *seigneur de tel lieu*, etc... [1]. »

Loyseau [2] est, du reste, fort explicite pour dire que le *de* n'est pas un signe de noblesse. « Il y a, dit-il, un peu plus d'excuse en la vanité de nos modernes traîneurs d'épée qui, n'ayant point de seigneurie dont ils puissent prendre le nom, ajoutent seulement un *de* ou un *du* devant celui de leurs pères, ce qui se fait en guise de seigneurie... Ceux donc qui mettent ces particules au devant de leur nom veulent qu'on croie que leur nom vient de quelque seigneurie qui était d'ancienneté en leur maison... Notre nouvelle noblesse ne pense pas que ceux-là soient gentilshommes dont les noms ne sont anoblis par ces articles ou particules, bien que les chroniques nous témoignent qu'anciennement les plus notables familles de ce royaume ne les avaient pas... »

Aussi, bien que l'on cite quelques exemples de cas où l'on avait eu recours à l'autorité royale pour être autorisé à ajouter un *de* ou *du* à son nom [3], il faut croire qu'on n'a demandé cette autorisation que pour l'ajouter avant le nom de famille, au surplus ces exemples sont fort peu nombreux ; mais on doit considérer comme certain que le *de* n'est nullement indicatif ou constitutif de la noblesse. Aux preuves que je viens de rapporter, il faut ajouter cette dernière, qui me paraît convaincante : c'est un arrêt du Parlement de Rouen du 5 mars 1660, rapporté dans Bérault, t. I, p. 636, en note, et qu'à raison de son importance je dois transcrire textuellement :

« Le sieur de Longlay, gentilhomme d'ancienne noblesse, fit un procès à des paysans nommés aussi de Longlay, pour leur faire faire défense de porter son nom, parce que Hierosme de Longlay, leur aïeul, étoit bâtard ou sorti d'un bâtard ; il obtint même un arrêt de la Cour qui l'appointait à faire la preuve de ce fait.

« Hierosme de Longlay, qui étoit encore vivant, âgé de soixante-dix-huit ans, passa un acte par lequel il reconnut être

[1] *Traité du droit d'anoblissement*, IIe partie, chap. XVIII.

[2] *Traité des ordres*, chap. XI, nos 58 et suiv.

[3] Delaroque, *Traité de l'origine des noms*, chap. XXX, p. 49 ; Merlin, *Répertoire*, vo NOM, § 3, no 4.

sorti d'un bâtard, avec renonciation pour lui et sa postérité à porter le nom de *Longlay :* cet acte fut homologué à la Cour.

« Les de Longlay, contre qui le sieur de Longlay avoit commencé le procès, obtinrent des lettres en forme de requête civile, tant contre l'arrêt portant appointement de preuve que contre l'arrêt qui avoit homologué l'acte fait par Hierosme de Longlay, leur aïeul, ensemble des lettres de rescision contre l'acte, et soutinrent : 1° que la preuve demandée par le sieur de Longlay n'étoit pas admissible, s'agissant de l'état des personnes ; qu'il ne se trouveroit même aucuns témoins qui pussent déposer de certain, s'agissant d'un fait arrivé il y avoit plus de cent ans ;

« Que d'ailleurs ils étoient en possession de temps immémorial de porter, eux et leur famille, le nom de *Longlay*, et que suivant le droit *ne de statu defunctorum post quinquennium quæritur ;*

« 2° Que la transaction ou accord passé par leur aïeul étoit une surprise faite à un vieillard de soixante-dix-huit ans, lequel n'avoit pu renoncer pour lui et sa postérité à porter un nom qu'il avoit communiqué à ses enfants, et ceux-ci aux leurs, parce qu'on ne peut transiger sur son état au préjudice de sa famille ;

« Qu'ils reconnoissoient bien n'être pas de la famille du sieur de Longlay, mais que le sieur de Longlay ne pouvoit leur défendre de porter un nom semblable au sien dès qu'ils en étoient en possession.

« M. Le Guerchois, avocat général, en concluant l'entérinement des lettres de requête civile, *estima que les demandeurs devoient supprimer de leur nom la particule* DE, *et se réduire à porter le nom* LONGLAY ; *mais la Cour ne fit point droit sur ce retranchement.*

« Par arrêt du 5 mars 1660, les lettres de requête civile et de restitution furent entérinées, les parties remises au même état qu'elles étoient avant les arrêts et la transaction ; et faisant droit au principal, après la déclaration des demandeurs qu'ils ne prétendoient point être de la famille du sieur de Longlay, mit sur son action originaire les parties hors de Cour. »

Cet arrêt décide la question d'une manière formelle ; car on voit que, sur la question du *de*, il fut rendu contrairement aux conclusions de l'avocat général, et la Cour n'aurait pas manqué de faire s'expliquer les demandeurs sur la question de noblesse, comme elle le fit pour celle de parenté.

Nous devons donc tenir pour certain que, suivant les anciens principes, la simple addition de la particule *de* ne faisait même pas présumer la noblesse; les *de* Longlay dont il est question dans cet arrêt étaient roturiers comme descendants d'un bâtard, suivant les principes incontestables en matière de noblesse, et pour être nobles, il leur aurait fallu un anoblissement spécial.

La jurisprudence constante qui reconnaît pour les anciens possesseurs de fiefs le droit d'ajouter le nom de leurs fiefs à leur nom patronymique est donc conforme aux principes consacrés par l'ancienne jurisprudence. Mais aussi il faut reconnaître que la loi du 28 mai 1858 a introduit une grave dérogation aux anciens principes en frappant des peines destinées aux usurpateurs de la noblesse ceux qui altèrent leur nom dans le but de s'attribuer une distinction honorifique. Le projet présenté par le Conseil d'Etat se contentait de frapper des mêmes peines ceux qui s'attribuent sans droit des titres de noblesse, et ceux qui portent des costumes, uniformes ou décorations qui ne leur appartiennent pas. Ce fut la commission du corps législatif qui proposa par voie d'amendement les diverses dispositions qui sont devenues la loi actuelle, en supprimant la peine d'emprisonnement pour la nouvelle infraction que l'on voulait atteindre.

Le paragraphe 2 de l'article 259 du Code pénal modifié punit donc d'une peine d'amende celui qui, sans droit et en vue de s'attribuer une distinction honorifique, aura publiquement pris un titre, changé, altéré ou modifié le nom que lui assignent les actes de l'état civil.

De la simple opposition de ces mots : *changé, altéré ou modifié*, avec *prendre un titre*, il faut conclure que les changements qu'on a voulu atteindre sont ceux qui résultent de l'addition de la particule *de* ou *du*, ou de sa séparation d'un nom auquel elle était unie; car on ne voit pas quelle autre altération du nom pourrait faire croire que le nom altéré est un nom qui doit être plus honoré que tout autre. La particule a une apparence de noblesse : toute autre altération serait ou un fait entièrement insignifiant, tel que l'addition d'un autre nom propre, celui de la famille de la femme par exemple, ou l'usurpation réelle d'un titre de noblesse. D'ailleurs, le rapport de M. du Miral au corps législatif, § 5, ne peut laisser aucun doute à cet égard; on a voulu prohiber toute modification du nom de famille résultant, soit de l'apposition de cette particule devant le nom, soit de son addition audit nom avec un nom de terre.

Mais il résulte aussi des termes du même rapport que cette addition ou modification n'est punissable qu'autant qu'il est certain que celui qui s'en est rendu coupable a voulu faire croire à une distinction honorifique, c'est-à-dire qu'il appartenait à la noblesse ancienne ou nouvelle : « La majorité (de la commission) n'a pas tardé à reconnaître que la vanité était, en dehors de l'escroquerie, l'élément nécessaire de tout changement de nom répréhensible... Le délit ne subsistera qu'à la double condition que la particule nobiliaire aura été frauduleusement introduite dans le nom véritable, par une altération quelconque, en vue d'une distinction honorifique. Est-il nécessaire de dire que l'adoption d'un nom de terre relié par une particule au nom patronymique qu'on conservera d'abord, sauf à le supprimer ensuite, *pourra* constituer l'infraction?... Le projet, tel qu'il est soumis maintenant à votre vote, punit quiconque, *en vue d'une distinction honorifique*, change, altère ou modifie le nom que lui assignent les actes de l'état civil... » J'en conclus que quand il sera certain que l'addition d'un nom de terre, par exemple, n'a été faite qu'à titre de surnom et pour empêcher la confusion entre les membres d'une même famille ou entre des familles homonymes, la peine édictée par la loi de 1858 ne sera pas applicable. Elle le sera, au contraire, presque toujours dans le cas où on se sera borné à ajouter le *de* ou *du* devant son nom patronymique, ou quand on aura coupé en deux un nom qui commence par la syllabe *de* ou *du*, parce qu'alors il est évident que c'est la vanité et le désir de donner à son nom une distinction qu'on ne lui trouvait pas antérieurement qui fait faire semblable chose. Il faut d'ailleurs reconnaître qu'il s'agit ici d'un *délit*, c'est-à-dire d'un fait pour lequel on exige l'intention coupable, et que cette intention doit résulter des faits et circonstances de la cause. C'est ce que la Cour de cassation, chambre criminelle, a reconnu, en rejetant le pourvoi [1] d'une personne condamnée

[1] Rejet, 5 janvier 1861; S., LXI, 1, 202.

pour avoir ajouté un nom de terre à son nom patronymique, alors qu'il était constaté en fait par l'arrêt attaqué que depuis cinq générations la famille avait porté ce nom sans aucune addition. La Cour reconnaît qu'il résulte des constatations de l'arrêt attaqué que « l'altération ou modification opérée ici dans le nom patronymique a été faite en vue de s'attribuer une distinction honorifique. » Il paraît, d'après cet arrêt, que le prévenu avait tiré un moyen de défense de ce qu'il prétendait se rattacher à une origine noble. Ce moyen a été rejeté avec raison par la Cour de cassation, non pas parce que, comme le dit cet arrêt, la loi de 1858 renferme une disposition générale et ne distingue pas entre les personnes ; mais bien parce que le droit d'ajouter un nom de terre à son nom patronymique appartenant à toute personne noble ou non aurait dû être exercé avant soit le 4 août 1789, soit la loi du 6 fructidor an II, ce nom de terre aurait dû être ajouté au nom patronymique avant cette époque : depuis lors ce droit a cessé, alors même qu'on eût pu en user auparavant. Mais quand il sera constant que les auteurs d'une personne ont eu le droit d'ajouter le nom de leur fief à leur nom de famille, et qu'il sera établi en fait qu'ils ont usé de ce droit à l'époque où ils le pouvaient, leurs descendants seront en droit de provoquer par la voie de demande en rectification d'actes de l'état civil le rétablissement de ce nom sur les actes qui les concernent.

Paris. — Typographie HENNUYER ET FILS, rue du Boulevard, 7.

www.ingramcontent.com/pod-product-compliance
Lightning Source LLC
LaVergne TN
LVHW020453230826
846091LV00008BA/3184